# Árvore da Vida

A inacreditável
biodiversidade
da vida na Terra

Rochelle Strauss

Ilustração

Margot Thompson

**Editora Melhoramentos**

Strauss, Rochelle
 Árvore da vida: a inacreditável biodiversidade da vida na terra / Rochelle Strauss; ilustrações Margot Thompson; [tradução Jeferson Luiz Camargo]. – São Paulo: Editora Melhoramentos, 2010. (Gift)
 Título original: *Tree of life: the incredible biodiversity of life on earth*

 ISBN: 978-85-06-00286-5

 1. Literatura infantojuvenil - Biodiversidade. I. Thompson, Margot. II. Camargo, Jeferson Luiz. III. Título. IV. Série.

CDD-809.8

Índices para catálogo sistemático:
1. Literatura infantojuvenil   809.8
2. Ecologia – Meio ambiente   574.5
2. Biodiversidade – Preservação ambiental   574.5

Título original em inglês: Tree of Life
Publicado originalmente por Kids Can Press Ltd.
Texto © 2004 Rochelle Strauss
Ilustração © 2004 Margot Thompson

Tradução: Jeferson Luiz Camargo
Diagramação: Desenho

Direitos de Publicação:
© 2005, 2010 Editora Melhoramentos Ltda

Todos os direitos de publicação reservados à Editora Melhoramentos Ltda.

Edição revisada conforme o Acordo Ortográfico da Língua Portuguesa

2.ª edição, 23.ª impressão, janeiro de 2018
ISBN: 978-85-06-00286-5

Atendimento ao consumidor:
Caixa Postal 11541 – CEP 05049-970
São Paulo – SP – Brasil
Tel.: (11) 3874-0880
www.editoramelhoramentos.com.br
sac@melhoramentos.com.br

Impresso no Brasil
Impresso na BMF Gráfica e Editora

Para Oliver e Rosanne, com muito amor.

## Agradecimentos

Sou profundamente grato a Valerie Hussey e Valerie Wyatt, cuja fé e sabedoria me ajudaram a concretizar esta ideia. Toda minha gratidão, também, a Margot Thompson, por suas maravilhosas ilustrações, e a Marie Bartholomew, por ter me ajudado a escolher palavras, conceitos e imagens, e por tê-lo feito com enorme talento. Obrigado também a Susan, Liz e Kate, que me fizeram rir e relaxar quando os números pareciam esmagadores, e a Julia, que me ajudou a acreditar em minha vocação de "lontra". Um abraço apertado à minha família, por seu amor e apoio. E um obrigado muito especial a Rosanne, que me estimulou o tempo todo a concretizar meus sonhos. É claro que este livro não existiria sem minha fantástica equipe de revisores técnicos: Joanne DiCosimo, Mark Graham e Robert Anderson, do Canadian Museum of Nature; Ann Jarnet, do Environment Canada; Liz Lundy, do World Wildlife Fund, e Susan Gesner, do Gesner & Associates Environmental Learning. A todos, um agradecimento especial pelas sugestões e informações.

## Nota sobre as espécies e seu número exato

A simples magnitude da biodiversidade na Terra deixa implícito que os cientistas desconhecem os números exatos das espécies entre os cinco reinos e dentro deles. Os números usados neste livro se baseiam nas melhores estimativas existentes e foram arredondados para cima ou para baixo para que fosse mais fácil lidar com eles. As reticências (...) usadas nas listas de espécies indicam que as espécies arroladas são exemplos extraídos de um grupo maior.

# Sumário

| | |
|---|---|
| A Árvore da Vida | 05 |
| Os cinco ramos | 06 |
| Reino monera | 09 |
| Reino dos fungos | 10 |
| Reino protista | 13 |
| Reino vegetal | 14 |
| Reino animal | 17 |
| Invertebrados | 18 |
| Vertebrados | 21 |
| Peixes | 22 |
| Aves | 24 |
| Répteis | 26 |
| Anfíbios | 29 |
| Mamíferos | 30 |
| Seres humanos | 33 |
| Mudanças na Árvore da Vida | 34 |
| Algumas espécies em risco de extinção | 35 |
| Tornemo-nos guardiões da Árvore da Vida | 37 |
| Notas aos pais, professores e guardiões | 38 |
| Índice remissivo | 40 |

# A Árvore da Vida

Você tem uma árvore genealógica que mostra as relações de parentesco entre os membros de sua família – tias, primos, avós etc.?

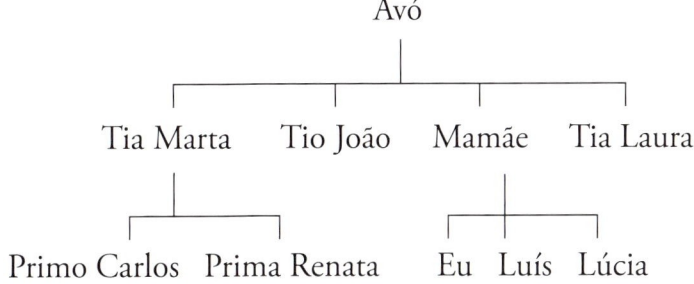

A Árvore da Vida é como uma árvore genealógica de todas as coisas vivas. Ela nos mostra a *biodiversidade*, a incrível variedade da vida na Terra. E nela descobrimos também como todas as coisas vivas – desde bactérias tão minúsculas que não se consegue vê-las a olho nu até o maior dos mamíferos, a baleia-azul – são aparentadas.

Até hoje, os cientistas descobriram e nomearam 1.750.000 espécies diferentes (grupos de coisas vivas que compartilham características semelhantes). Se cada espécie fosse representada por uma folha, haveria 1.750.000 folhas na Árvore da Vida.*

Todas as partes da Árvore da Vida são importantes. Um problema com um ramo, um galho ou uma simples folha pode afetar a árvore inteira. Ao subir na Árvore da Vida para explorar seus ramos, talvez possamos compreender melhor o lugar que nela ocupamos e o impacto que exercemos sobre ela.

---

* Nota: Os cientistas não estão de acordo quanto ao número exato de espécies – o número é grande demais para que eles possam ter certeza. Os números apresentados neste livro baseiam-se nas estimativas mais confiáveis.

# Os Cinco Ramos

A Árvore da Vida é uma maneira de organizar ou "classificar" a totalidade da vida. Ao organizar as coisas vivas em diferentes ramos, podemos entender melhor como elas são estreitamente aparentadas – ou como é distante esse parentesco.

A Árvore da Vida é com frequência dividida em cinco ramos principais, os chamados "reinos".

**Reino Monera**
Bactérias

**Reino dos Fungos**
Cogumelos, leveduras, liquens...

**Reino Protista**
Paramécios, amebas, algas...

**Reino Vegetal**
Plantas com flores, musgos, samambaias...

**Reino Animal**
Desde invertebrados, como esponjas e aranhas, até vertebrados, como peixes, pássaros, répteis, anfíbios e mamíferos.

Cada reino da Árvore da Vida tem uma história a nos contar sobre a biodiversidade e a vida na Terra.

As cianobactérias não são apenas as mais antigas bactérias conhecidas; são também as mais importantes para a vida na Terra. Há cerca de 3,5 bilhões de anos, a primeira cianobactéria começou a criar o oxigênio que acabou permitindo a existência de outras formas de vida na Terra.

Você gosta de feijão? Ou de ervilha? Sem as bactérias – como, por exemplo, os rizóbios – esses legumes e muitas outras plantas não teriam como sobreviver. Algumas bactérias vivem em raízes de plantas, ajudando-as a obter os nutrientes de que precisam para sobreviver.

Rizóbio

Cianobactéria

Lactobacillus acidophilus

# REINO  Monera
## 10.000 espécies

Você não consegue vê-las, mas elas estão lá – as 10.000 espécies de bactérias que constituem o Reino Monera.

As bactérias são as menores formas de vida na Terra. São formadas por uma única célula e, de tão minúsculas, mil delas caberiam no ponto final desta frase. Estão por toda parte – na terra, na água, até mesmo dentro de nosso corpo. E talvez ainda haja centenas de milhares de bactérias a serem descobertas, inclusive nos meios mais inóspitos – fontes de águas termais, fendas vulcânicas submarinas e áreas muito abaixo do solo.

O Reino Monera responde por menos de um por cento de todas as espécies da Árvore da Vida, mas nem por isso é um reino menos importante. Contém as mais antigas dentre as espécies existentes. Fósseis revelam que as bactérias já estão por aqui há mais de 3,5 bilhões de anos. Essas bactérias tão antigas foram a base de toda a vida na Terra.

Às vezes pensamos nas bactérias apenas como portadoras de doenças, mas elas são muito mais do que isso. Cada coisa viva na Árvore da Vida descende das primeiras bactérias.

Existem bilhões de bactérias nos nossos intestinos. Uma delas, a *Lactobacillus acidophilus*, ajuda a nos proteger contra bactérias nocivas.

*Monera – 10.000 folhas na Árvore da Vida*

# REINO dos Fungos
## 72.000 espécies

Existe um fungo entre nós? É bem possível que hoje mesmo você tenha visto ou comido um. Toda vez que você morde um pedaço de pão, está comendo levedura, uma espécie de fungo. Os cientistas acreditam que ainda haja mais de um milhão de espécies de fungos a serem descobertas.

Alguns fungos são *parasitas* – crescem em outras plantas e animais vivos, dos quais obtêm seus nutrientes. Em sua maioria, porém, são *decompositores* – seus nutrientes são obtidos em plantas e animais mortos. Os decompositores são os recicladores e limpadores da Árvore da Vida.

Imagine uma floresta no outono, com bilhões de folhas caindo ao chão. Para onde vai todo esse "lixo"? Os fungos (e algumas bactérias) ajudam a triturá-lo e a absorvê-lo como alimento. E, ao fazê-lo, criam dióxido de carbono, que as plantas usam para fazer seu próprio alimento.

Sem os fungos, a Árvore da Vida acabaria enterrada sob sua própria camada humífera.

### Espécies de fungos

**30.000** fungos em forma de saco ou bolsa (trufas, cogumelos comestíveis do gênero *Morchella*, levedura, líquen...)

**22.250** fungos com chapéu (cogumelos comestíveis ou venenosos, bufas-de-lobo...)

**17.000** fungos imperfeitos (penicilina, cândida...)

**600** zigomicetos (bolor de pão preto...)

... e outros

Bufa-de-lobo

*Fungos – 72.000 folhas na Árvore da Vida.*

Os liquens absorvem as toxinas (venenos) de seu meio ambiente. Quando os liquens de uma área começam a morrer, tem-se um primeiro sinal de advertência de que os níveis de poluição podem estar altos.

O fungo mais antigo e pesado do mundo é um *Armillaria bulbosa*, que vive sob o solo de uma floresta no Estado de Michigan, nos Estados Unidos. Esse fungo de mil e quinhentos anos de idade talvez seja bem mais pesado do que um elefante africano, mas tudo que há de visível são minúsculos filamentos no nível do solo.

O menor fungo bufa-de-lobo é mais ou menos do tamanho de um ovo de galinha. O maior tem o tamanho de uma melancia.

Líquen-soldado-inglês

*Armillaria bulbosa*

Em sua maioria, os organismos protistas são microscópicos, mas alguns podem ser gigantescos, como as algas marinhas (sobretudo as de grandes dimensões). A maior delas, uma alga marinha gigante do Pacífico, pode chegar a 65m de comprimento – o mesmo tamanho de cinco ônibus escolares enfileirados. Essas algas fornecem abrigos para os animais marinhos.

Os paramécios, um tipo de protozoário, têm estruturas minúsculas, da espessura de um fio de cabelo, chamados cílios. Para ajudar os paramécios a se locomover em seus *habitats* aquáticos, os cílios se movimentam para a frente e para trás – mais ou menos como se faz para remar.

O maior animal do oceano, a baleia-azul, alimenta-se de seu menor habitante, o plâncton.

Você já viu a superfície do oceano tremeluzir à noite? Na verdade, você deve ter visto algas-de-fogo, que produzem luz por meio da bioluminescência, uma reação química.

Alga-gigante

Plâncton

Alga-de-fogo

# REINO

# Protista
## 80.000 espécies

Serão plantas? Animais? A resposta é sim... e não. O Reino Protista tem um pouquinho de tudo. Algumas espécies (as algas) são semelhantes a plantas – podem preparar seu próprio alimento. Outras (a dos protozoários) são semelhantes a animais – dependem de outras espécies para alimentar-se.

Os organismos protistas são encontrados na água e em outros meios úmidos. No oceano, constituem uma importante fonte de alimento conhecida como plâncton. Peixes, camarões e outros crustáceos comem plâncton e, por sua vez, tornam-se alimento de outros animais da água e da terra. A isso dá-se o nome de cadeia alimentar. Quando muitas cadeias alimentares estão interligadas, elas formam uma rede alimentar. Sem o plâncton, muitas espécies morreriam de fome, e as redes alimentares que sustentam a Árvore da Vida poderiam romper-se.

As algas desempenham outro papel importante. Elas ajudam a manter o equilíbrio dos gases na atmosfera da Terra. Como fazem isso? As algas, como as plantas, absorvem o dióxido de carbono e usam a luz do Sol para criar alimento para si mesmas. (Esse processo é chamado de fotossíntese.) Ao fazer isso, elas também criam o oxigênio de que todos os animais da Árvore da Vida precisam para respirar.

### Espécies protistas

**5.000** protozoários (paramécios, amebas...)

**25.000** algas (algas verdes, algas vermelhas, algas-de-fogo)

*Protista – 80.000 folhas na Árvore da Vida.*

# REINO Vegetal
## 270.000 espécies

Para onde quer que você olhe quando está em terra, irá deparar-se com membros do reino vegetal. Eles vão desde as flores no peitoril de sua janela até o musgo sobre o qual você caminha nas matas e os legumes que come no jantar, passando pelas árvores que lhe dão sombra no verão.

As plantas fornecem *habitats* valiosos para muitos animais. Um *habitat* é uma área em que as espécies podem encontrar alimento, abrigo, água e o espaço de que necessitam para viver. Sem eles, os animais não teriam como sobreviver.

Como os organismos protistas, as plantas também estão na base das cadeias alimentares. As plantas fazem seu próprio alimento – e tornam-se alimento para outras coisas vivas. Um coelho mordisca uma folha de trevo. Uma cobra come o coelho e depois é comida por um falcão. Quando o falcão morre, bactérias e fungos alimentam-se de seu cadáver. Sem as plantas, as cadeias e redes alimentares na Árvore da Vida chegariam ao fim, o que provocaria a extinção das espécies.

Quando as plantas fazem seu próprio alimento durante a fotossíntese, elas criam oxigênio. Da próxima vez que você respirar fundo (ou simplesmente quando respirar), lembre-se de que o oxigênio produzido pelas plantas torna a vida na Terra possível.

### Espécies de plantas

**235.000** plantas com flores (ipês, carvalhos, cactos, relva, margaridas...)

**12.000** samambaias (licopódeos, avencas, samambaias...)

**10.000** musgos (musgo-da-córsega, musgo-do-brejo, musgo-espanhol...)

**630** coníferas (pinheiros, cedros, zimbros...)

...e outras

*Plantas – 270.000 folhas na Árvore da Vida*

No alto das florestas tropicais, a bromélia cresce na forma de uma "concha" de folhas presa a uma árvore. Essa espécie de concha acumula água e torna-se o *habitat* de muitas espécies de rãs, insetos, aranhas e vermes. A maior das bromélias é um pouco menor do que uma mochila e pode conter sete litros e meio de água.

A orquídea-abelha é uma excelente imitadora. Sua flor se parece tanto com uma abelha que os zangões se deixam iludir e pousam nela. Quando vão embora, levam consigo o pólen que fertilizará outra flor.

A asclépia é uma planta importante para as borboletas-monarcas – é onde elas põem seus ovos, além de ser a principal fonte de alimento para as jovens lagartas da monarca. O fato de comer asclépia também torna as lagartas e borboletas venenosas para outros animais.

Muitas plantas são usadas para o preparo de remédios. A pervinca cor-de-rosa de Madagascar é um ingrediente vital de dois medicamentos contra o câncer. Infelizmente, essa planta corre risco de extinção devido ao desaparecimento de seu *habitat*.

Os corais pétreos são uma das muitas espécies de corais que formam os recifes de coral. Esses recifes são as florestas tropicais do oceano – fornecem um *habitat* para uma enorme diversidade de animais.

Um peixe que come frutas? O tambaqui do Rio Amazonas alimenta-se das frutas que caem na água. As sementes são dispersadas depois de passarem pelo seu trato digestivo.

As formigas e as acácias mantêm uma relação especial. As formigas protegem as acácias contra insetos que comem plantas, como besouros e pulgões. Em troca, a acácia fornece às formigas néctar como alimento e espinhos ocos como abrigo.

O morcego nariz-de-folha da Jamaica ajuda a dispersar sementes de figo. O morcego come os figos, e depois as sementes são dispersadas pelos excrementos do animal.

Coral pétreo

Tambaqui

Formiga e acácia

Morcego nariz-de-folha

# REINO

# Animal
## 1.318.000 espécies

De leões, tigres e ursos às águas-vivas, esponjas e nudibrânquios – o reino animal é de longe o maior e mais diversificado dos cinco reinos. É responsável por cerca de três quartos de todas as folhas da Árvore da Vida.

As espécies desse reino são agrupadas em invertebrados (animais sem coluna vertebral, como aranhas, insetos, esponjas e vermes) e vertebrados (animais com coluna vertebral, como peixes, répteis, anfíbios e mamíferos).

Com ou sem coluna vertebral, todos os animais compartilham algumas características.

Ao contrário das plantas, os animais não produzem seu próprio alimento. Para alimentar-se, eles dependem de outras formas de vida. Alguns animais (os herbívoros) comem plantas, enquanto outros (os carnívoros) comem os animais que comem plantas.

As plantas também dependem dos animais. A maioria das plantas com flores precisa de animais, em particular de insetos, para transportar o pólen de uma flor a outra, de modo que novas sementes se formem. Sem os animais, muitas plantas não teriam como produzir sementes.

Os animais também ajudam a dispersar as sementes das plantas. Os pássaros e os morcegos comem as frutas produzidas pelas plantas. A fruta é digerida, e as sementes caem no solo junto com os excrementos dos animais, longe da planta adulta. Isso permite que novas plantas tenham espaço para crescer. Até mesmo os esquilos e as tâmias participam desse processo. Eles coletam as sementes e as enterram para comê-las depois. As sementes enterradas que eles se esquecem de pegar germinam e se transformam em novas plantas.

Os animais também ajudam as plantas a crescer ao oferecer-lhes nutrientes dos quais elas muito necessitam. O excremento animal é um excelente fertilizante.

### Espécies animais

**1.265.500** invertebrados

**52.500** vertebrados

*Animais – 1.318.000 folhas na Árvore da Vida*

# REINO

# Animal → Invertebrados
## 1.265.500 espécies

Os invertebrados vivem em todas as partes do nosso planeta – na terra e na água. Eles vão de esponjas do mar, corais e águas-vivas a insetos, aranhas e vermes. A única coisa que eles têm em comum é o fato de nenhum possuir coluna vertebral. Em vez disso, muitos têm um exoesqueleto – um resistente envoltório externo que os protege.

De todos os invertebrados, é bem possível que os mais conhecidos sejam os insetos, e por boas razões – eles constituem mais de três quartos de todos os invertebrados.

Alguns invertebrados são enormes. A lula-gigante talvez seja o maior invertebrado da Árvore da Vida. Ela pode chegar a 18m de comprimento, e algumas pesam mais de 450kg. Até mesmo seus olhos são grandes – do tamanho de bolas de basquete.

Em sua maioria, porém, os invertebrados são tão pequenos que muitas vezes nem tomamos conhecimento deles. Seu tamanho torna tão difícil encontrá-los que, para os cientistas, talvez existam milhões de invertebrados que ainda não foram descobertos e nomeados.

### Espécies de invertebrados

**950.000** mandibulados
(insetos, centopeias, miriápodes...)

**75.000** aracnídeos
(aranhas, carrapatos, acarinos, límulos...)

**70.000** moluscos
(lesmas, nudibrânquios, mexilhões, polvos, lulas...)

**40.000** crustáceos
(lagostas, caranguejos, lagostins, camarões, cracas...)

**20.000** nematoides
(nematelmintos...)

**16.000** anelídeos
(sanguessugas, minhocas...)

**9.000** cnidários
(águas-vivas, corais, anêmonas-do-mar...)

**7.000** equinodermos
(estrelas-do-mar, ouriços-do-mar, bolachas-da-praia...)

**5.000** esponjas
...e outros

*Invertebrados – 1.265.500 folhas na Árvore da Vida*

Nudibrânquio doridídeo

Tardígrado

Besouro-metálico-fura-madeira

Borboleta-rainha-da-Alexandria

Caranguejo-dos-coqueiros

O nudibrânquio, uma espécie de molusco, respira por delicadas brânquias situadas em sua parte dorsal. Às vezes chamado de lesma-do-mar, o nudibrânquio é ao mesmo tempo macho e fêmea.

Um dos menores invertebrados existentes é o tardígrado. É menor que um grão de sal. Visto no microscópio, parece um ursinho, motivo pelo qual recebeu o apelido de "urso da água". Os tardígrados são encontrados no mundo inteiro, inclusive sob o gelo da região ártica.

Existem 350.000 espécies conhecidas de besouros, dentre as quais encontra-se o besouro-metálico-fura-madeira, originário da Indonésia. Na verdade, há mais espécies conhecidas de besouros do que de qualquer outro grupo de animais da Árvore da Vida.

A maior borboleta conhecida é a borboleta-rainha-da-Alexandria. Encontrada na Nova Guiné, tem uma envergadura de asa de 30 cm, o que a torna maior do que um prato. Infelizmente, seu *habitat* natural está sendo destruído, colocando essas borboletas em risco de extinção.

O caranguejo-dos-coqueiros é o maior invertebrado terrestre. Atingindo 17 kg, esse comedor de coco pesa tanto quanto um cão de porte médio.

Imaginava-se que o celacanto já estivesse extinto há 70 milhões de anos. Em 1938, porém, descobriu-se um celacanto vivo, o primeiro de muitos que ainda seriam encontrados. Alguns cientistas acham que esse peixe das profundezas do oceano talvez seja um ancestral dos primeiros vertebrados terrestres.

Se algum dia você caminhar por uma floresta tropical, olhe bem para o alto das árvores. Talvez consiga ver uma jiboia-verde, um dos poucos répteis que não põem ovos, mas dá à luz filhotes vivos.

Celacanto

Jiboia-verde

Perereca venenosa

Imagine uma rã do tamanho de uma mosca-doméstica! A perereca venenosa (vermelha e azul) apesar de pequena, é bastante perigosa. Suas cores brilhantes são um aviso aos predadores para que se mantenham à distância.

O bico do tucano-toco pode parecer pesado, mas na verdade é oco e leve. E é também surpreendentemente ágil. Saliências ao longo de suas bordas ajudam o tucano a apanhar e manipular

Tucano-toco

# REINO

# Animal → Vertebrados
## 52.500 espécies

Os vertebrados são os animais que melhor conhecemos. Por quê? Porque, mesmo sem um microscópio, eles são fáceis de encontrar. Basta você dar uma rápida olhada no espelho e pronto, já está diante de um deles. Porém, apesar de os vertebrados estarem por toda parte, eles formam apenas uma minúscula porção das espécies da Árvore da Vida.

Os vertebrados subdividem-se em peixes, aves, répteis, anfíbios e mamíferos. A principal coisa que eles têm em comum é a coluna vertebral, formada por uma série de ossos chamados vértebras. As vértebras abrigam e protegem a medula espinhal, que trabalha junto com o cérebro para controlar tudo que acontece no corpo. Os vertebrados também têm um esqueleto interno que lhes dá movimento, apoio e proteção.

Hoje, os vertebrados podem ser encontrados na terra e na água, mas os primeiros viviam exclusivamente nos mares. Cerca de 360 milhões de anos atrás, alguns desses primeiros peixes rastejaram para fora do mar e, assim, deram início à vida dos vertebrados terrestres.

Boto do Rio Yang-Tsé

### Espécies de vertebrados

**25.100** peixes

**9.800** aves

**8.000** répteis

**4.960** anfíbios

**4.640** mamíferos

as frutas das quais se alimenta. Baleias, golfinhos e botos de água doce, como este boto do Rio Yang--Tsé, se desenvolveram a partir de mamíferos ungulados. Em outras palavras, começaram como animais terrestres e depois voltaram para a água dos rios ou dos mares. Hoje, existem apenas trezentos botos do Rio Yang-Tsé vivendo em liberdade.

*Vertebrados – 52.500 folhas na Árvore da Vida*

# REINO
# Animal→Vertebrados→Peixes
## 25.100 espécies

Os peixes são evidentemente aquáticos – eles passam toda a sua vida na água. A maioria dos peixes vive *ou* em água doce *ou* em água salgada. Mas alguns deles, como as enguias e os salmões norte-americanos, passam parte da vida em ambas.

Os peixes são as espécies mais diversificadas dos vertebrados. Eles são formados por três grupos: peixes ósseos, peixes cartilaginosos e peixes sem mandíbula.

Os peixes ósseos são os mais comuns. Como seu nome sugere, eles têm um esqueleto ósseo completo. Trutas, salmões, peixes-gato e até mesmo os peixes-dourados dos aquários são exemplos de peixes ósseos.

Os peixes cartilaginosos têm um esqueleto feito de cartilagem – como aquela do seu nariz. Entre eles incluem-se os tubarões e as arraias.

Os peixes sem mandíbula, como as lampreias e os congros, são os mais raros e primitivos. As lampreias têm a boca em forma de funil sugador, para se fixar em outros peixes. Para alimentar-se, raspam a carne desses peixes com uma fileira de dentes afiados. Os congros, por sua vez, alimentam-se de animais mortos ou moribundos.

A maioria dos peixes tem sangue frio – a temperatura de seus corpos é igual à do meio ambiente. E quase todos têm brânquias, escamas e barbatanas que os ajudam a nadar.

Na Árvore da Vida, os peixes são uma importante fonte de alimentos. Muitos predadores do alto da cadeia alimentar, como os ursos-pardos dos Estados Unidos, as águias, os tubarões, e inclusive o próprio ser humano, são comedores de peixes.

### Espécies de peixes

**24.150** peixes ósseos

**875** peixes cartilaginosos

**75** peixes sem mandíbula

*Peixes – 25.100 folhas na Árvore da Vida*

*Peixe dipnóico africano*

O tubarão-baleia não é apenas o maior tubarão dos mares; é também o maior peixe. Com 18 metros de comprimento, é mais de cem vezes maior do que um dos menores tubarões – o tubarão--anão. Surpreendentemente, o maior tubarão alimenta-se de alguns dos menores organismos da Árvore da Vida – o plâncton.

O peixe-palhaço vive entre os tentáculos venenosos da anêmona-do-mar, mas não precisa ter medo de nada. A anêmona protege o peixe--palhaço dos predadores e, em retribuição, fica com restos de alimentos que o peixe deixa para trás.

A enguia-americana inicia sua vida no Mar de Sargaços, perto das Bermudas. Quando cresce, percorre longas distâncias até encontrar lagos de água doce, estuários ou áreas litorâneas. No fim de sua vida, volta para o Mar de Sargaços para reproduzir-se.

Quando os lagos e rios secam, o peixe dipnoico africano enterra--se na lama e espera pela chuva. Enquanto permanece enterrado, usa a boca e os pulmões para respirar, em vez das guelras.

# REINO

# Animal → Vertebrados → Aves
## 9.800 espécies

Acredite ou não, as aves descendem dos dinossauros. Como sabemos disso? Devido à comparação de seus esqueletos. As aves têm o mesmo tipo de articulação de tornozelo e quadril que os dinossauros. Há também uma estreita relação de parentesco entre elas e os répteis. As aves têm escamas nas pernas, e é bem provável que suas penas também tenham se desenvolvido a partir de escamas. Ao contrário dos répteis, porém, as aves têm sangue quente – a temperatura de seus corpos se mantém constante. Além das penas, as características mais óbvias das aves são as asas e os bicos.

A forma das asas diz muito sobre o modo como vivem as aves. Asas mais curtas são boas para voar por entre as árvores das florestas. As mais longas e estreitas são excelentes para planar nas correntes de ar. E as que têm forma de nadadeira são ideais para mergulhar e nadar. O bico de uma ave nos dá indicações sobre o que ela come. As aves de rapina têm bicos fortes e recurvados que lhes permitem dilacerar sua presa. Outras aves têm bicos curtos, compactos e curvos, para poder quebrar sementes e nozes. As que se alimentam de néctar têm bicos longos, em forma de canudo.

As aves são os grandes migradores da Árvore da Vida. Quase metade delas migra. Algumas voam grandes distâncias até suas áreas de reprodução, e delas retornam, para fugir dos climas frios ou encontrar alimento. As aves migradoras dependem de muitos *habitats* ao longo de suas viagens, os quais lhes servem como locais para interrompê-las e retomá-las depois do necessário descanso. Mudanças em qualquer um dos *habitats* de que se utilizam durante a viagem podem representar um desastre para as migradoras.

O trinta-réis-ártico (ave costeira do Ártico) migra todo ano do Polo Norte para o Polo Sul, e vice-versa, fazendo uma viagem de ida e volta de mais ou menos 35.000 quilômetros.

Dentre as aves que voam, o pinguim-papua do continente Antártico é a mais rápida do mundo. Voa na água, e não pelos ares, chegando a perfazer cerca de 40 km/h.

Os papagaios, como o papagaio-do-figo da Indonésia, passam por uma situação difícil. Quase um terço de todos eles encontra-se sob ameaça ou risco de extinção devido à destruição de seus *habitats* e ao seu comércio como animais de estimação.

A maior ave viva é o avestruz. Embora não consiga voar, o avestruz é um grande corredor, atingindo velocidades próximas de 75 km/h.

## Espécies de aves

**5.000** aves canoras
(tordos, gaios, tentilhões...)

**400** andorinhões e beija-flores

**330** aves costeiras
(papagaios-do-mar, gaivotas, andorinhas-do-mar, maçaricos-das-rochas...)

**320** papagaios e periquitos

**290** pombas

**270** aves de rapina
(águias, gaviões, falcões...)

**215** aves pernaltas
(garças-azuis, galinhas-d'água, mergulhões...)

**150** aves aquáticas
(cisnes, patos, gansos...)

**135** corujas

**17** pinguins

aves corredoras
(avestruzes, casuares, emas...)
...e outras

*Pássaros – 9.800 folhas na Árvore da Vida*

# REINO

# Animal→Vertebrados→Répteis
# 8.000 espécies

Viscosos? De jeito nenhum! Na verdade, os répteis têm a pele seca e escamosa como seus ancestrais, os grandes dinossauros. Suas escamas ajudam a fixar a umidade em seus corpos para que eles não ressequem. É por isso que os répteis são tão bem-sucedidos em *habitats* desertos. Mas eles não são habitantes do deserto – podem ser encontrados em uma grande variedade de *habitats*: na terra, na água doce e até mesmo nos oceanos.

As escamas não são a única coisa que os répteis têm em comum. Eles também são animais de sangue frio. É por esse motivo que gostam de se expor ao sol – para aquecer-se. E a maioria põe ovos em vez de gerar filhotes vivos.

Os répteis dividem-se em cinco grupos – lagartos; serpentes; tartarugas marinhas e tartarugas terrestres; crocodilos, jacarés e caimões; e tuataras. Todos desempenham um importante papel na Árvore da Vida, tanto como predadores quanto como presas. A maioria dos répteis é carnívora (come animais), embora alguns lagartos sejam herbívoros (comem plantas). E há também os onívoros, como as tartarugas, que comem tanto animais quanto plantas.

### Espécies de répteis

**4.320** lagartos

**3.300** serpentes

**350** tartarugas marinhas e tartarugas terrestres

**28** crocodilos, jacarés e caimões

**2** tuataras

*Répteis – 8.000 folhas na Árvore da Vida*

Camaleão-pantera

Tuatara

Tartaruga-verde

Jiboia-africana

onstro-de-gila

Os tuataras, encontrados na Nova Zelândia, são os mais antigos membros da família dos répteis. São diretamente ligados aos primeiros répteis que perambularam pela Terra na época dos dinossauros.

Os tuataras mudaram muito pouco em comparação com seus parentes mais antigos. A grande tartaruga-verde passa a maior parte de sua vida no oceano. A cada dois ou três anos, percorre quase 2.000 quilômetros numa viagem de volta à praia onde nasceu, para acasalar e desovar. Como todas as tartarugas marinhas, as tartarugas-verdes estão em risco de extinção.

A jiboia-africana pode chegar a 8,5 metros de comprimento – é grande o suficiente para comer um antílope. Esses répteis também se alimentam de porcos, macacos e babuínos.

Em Madagascar vive quase a metade de todos os camaleões existentes no mundo, inclusive o camaleão-pantera. Insetívoro (come insetos), o camaleão-pantera consegue projetar sua língua viscosa quase o dobro do comprimento de seu corpo para apanhar um inseto descuidado.

Durante o período de hibernação ou quando há pouco alimento, o monstro-de-gila pode viver da gordura existente em sua cauda. Os monstros-de-gila estão ameaçados de extinção e logo poderão desaparecer devido à destruição de seu *habitat* e ao seu comércio como animais de estimação.

A rã-de-chifre brasileira vive nas florestas tropicais do Brasil e da Argentina. Comedora de apetite voraz, devora qualquer coisa que consegue pegar. Engole os alimentos por inteiro – inclusive pequenos pássaros, roedores e outros sapos.

A fêmea do sapo do Suriname, da América do Sul, carrega os filhotes encaixados na pele de suas costas. Os ovos são depositados em minúsculos buracos nessa parte do seu corpo. Uma espécie de almofada de pele forma-se sobre os ovos, para protegê-los. E eles ali permanecem até o dia em que os filhotes emergem e saem nadando.

Grande parte das salamandras não é maior do que uma caneta, mas a salamandra-gigante-do--japão chega a ter dez vezes esse tamanho. Esses gigantes passam a vida inteira na água e são noturnos (ativos durante a noite). Comem caranguejos, peixes e outros pequenos anfíbios.

Da água para a terra... e de novo para a água. O tritão-de--manchas-vermelhas da América do Norte começa a viver na água, passa por uma metamorfose e vai para a terra. Quando já tem idade suficiente para se reproduzir, volta para a água.

Rã-de-chifre brasileira

Sapo do Suriname

Salamandra-gigante-do-japão

# REINO
# Animal→Vertebrados→Anfíbios
## 4.960 espécies

Os anfíbios são os únicos vertebrados que sofrem metamorfose – mudança completa de uma forma em outra. As rãs, por exemplo, põem seus ovos na água. Os girinos emergem dos ovos e vivem na água, usando suas brânquias para respirar. Quando crescem, começam a mudar. Pernas e pulmões se desenvolvem. As caudas diminuem de tamanho. Quando a metamorfose se completa, seus pulmões e suas pernas já os deixaram preparados para viver na terra.

Existem três grupos de anfíbios: rãs e sapos; salamandras e tritões (anfíbios com cauda); e ceciliídeos (anfíbios sem pernas, semelhantes a vermes). Os sapos e as rãs são, de longe, o maior grupo de anfíbios.

Na Árvore da Vida, os anfíbios têm um importante papel a desempenhar. Como girinos, são fonte de alimento para peixes, pássaros, répteis, mamíferos e até mesmo insetos, como as larvas das libélulas. Quando adultos, embora continuem sendo comidos por alguns animais, também se tornam predadores. Comem insetos, vermes e peixes. Alguns chegam a comer ratos e patinhos.

Os anfíbios também são importantes como espécie indicadora (espécie cuja saúde indica o estado em que se encontra o meio ambiente). Sua pele fina e viscosa absorve água e ar, tornando-os sensíveis tanto à poluição da água quanto à do ar. Eles também são vulneráveis à luz ultravioleta (UV). Uma diminuição do número de anfíbios é um dos primeiros sinais de que existe algo errado no meio ambiente.

*Tritão-de-manchas-vermelhas*

## Espécies de anfíbios

**4.400** rãs e sapos

**400** salamandras e tritões

**160** ceciliídeos

*Anfíbios – 4.960 folhas na Árvore da Vida*

# REINO Animal→Vertebrados→Mamíferos
## 4.640 espécies

Os mamíferos constituem um dos menores grupos na Árvore da Vida, mas são encontrados em quase todos os meios ambientes – terra, água e ar. Sim, no ar também. Morcegos são mamíferos, os únicos capazes de voar de verdade.

No que diz respeito à forma e ao tamanho, os mamíferos são muito diferentes entre si. Um dos menores, o morcego-nariz-de-porco da Tailândia, tem peso que varia entre 1,5 e 2 gramas. O maior dos mamíferos, a baleia-azul, chega a pesar 180 toneladas.

Os mamíferos podem ser divididos em três grupos principais. A maioria deles é placentária e dá à luz filhotes vivos. Alguns, como os cangurus, são marsupiais – carregam seus filhotes dentro de uma bolsa que acolhe os recém-nascidos. E há também os monotremados como a equidna, também chamada tamanduá espinhoso, que põe ovos.

O que esses mamíferos tão diferentes têm em comum? Uma das coisas é o pelo. Quer tenham apenas alguns tufos ou o suficiente para recobrir-lhes o corpo, todos os mamíferos apresentam pelos em algum momento de suas vidas. Até os golfinhos têm algumas cerdas perto de seu focinho. Na maioria dos mamíferos, os pelos fornecem calor. E também são usados como camuflagem. Manchas, listras e cores permitem que os mamíferos se confundam com o meio onde vivem, um tipo de adaptação que muitas vezes salva suas vidas. Os mamíferos também têm glândulas mamárias e dão de mamar a seus filhotes.

Como outras espécies na Árvore da Vida, os mamíferos são ligados por cadeias e redes alimentares. Frequentemente, a população (o conjunto) de uma espécie de mamíferos está em relação de equilíbrio com a população de outra espécie.

O fascólomo, um dos maiores mamíferos que vivem em tocas, é ligeiramente maior do que um buldogue. A bolsa desse marsupial tem sua abertura voltada para trás a fim de proteger seus filhotes da terra que vai sendo jogada quando ele está cavando uma toca.

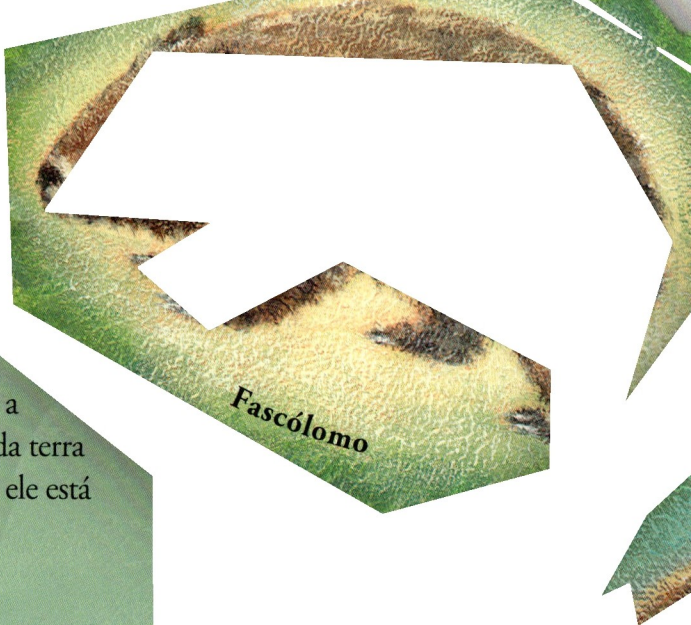

Fascólomo

Ornitorrinco

Lontra-do-mar

Na floresta de algas marinhas, as lontras-do-mar são uma espécie-chave (espécie da qual muitas outras dependem). As lontras-do-mar comem ouriços-do-mar, e os ouriços-do--mar comem algas marinhas. As algas marinhas fornecem um *habitat* vital e alimento para muitas criaturas do mar. Sem as lontras-do-mar para manter seu equilíbrio, as populações de ouriços-do-mar aumentariam bruscamente, destruindo as florestas de algas.

No começo, os cientistas que estudaram o ornitorrinco pensaram que se tratava de uma brincadeira – uma criatura costurada com partes de diferentes animais. Mas esse animal único não é brincadeira alguma. É um dos poucos mamíferos que põem ovos e também um dos poucos mamíferos venenosos. Os esporões nos membros posteriores do ornitorrinco macho podem injetar veneno em um predador.

A girafa é o mais alto mamífero da Terra. Com 5,5m de altura, as girafas conseguem comer as folhas que não estão ao alcance dos outros herbívoros. Até os filhotes da girafa são altos. Com cerca de 2m de altura, são mais altos do que a maioria das pessoas. Apesar de sua altura, o pescoço das girafas tem o mesmo número de vértebras de todos os outros mamíferos – sete.

Girafa

## Espécies de mamíferos

**Mamíferos placentários como**

**1.814** roedores

**986** morcegos

**390** insetívoros
(musaranhos, porcos-espinho, toupeiras...)

**240** carnívoros
(cães, gatos, ursos...)

**233** primatas
(monos, lêmures, humanos...)

**228** mamíferos com cascos
(porcos, zebras, hipopótamos...)

**79** cetáceos
(golfinhos, baleias, toninhas...)

**69** lagomorfos
(coelhos, lebres, pikas...)

**34** pinípedes
(leões-marinhos, focas, morsas...)

**30** mamíferos sem dentes
(tamanduás, tatus, preguiças...)

**mamíferos marsupiais como**

**70** gambás do Novo Mundo

**54** cangurus e cangurus de raça pequena

**3** fascólomos

**1** coala

**Mamíferos monotremados como**

**1** ornitorrinco com bico de pato

**2** equidnas

...e outros

*Mamíferos – 4.640 folhas na Árvore da Vida*

# REINO

# Animal → Vertebrados
## Mamíferos → Primatas → Seres Humanos

# 1 espécie

Os seres humanos são uma das 233 espécies de primatas.
Somos estreitamente ligados aos grandes macacos
(gorilas, orangotangos e chimpanzés).

Somos uma das 4.640 espécies de mamíferos.
Temos pelos, glândulas mamárias e damos à luz nossos filhotes
como a maioria dos outros mamíferos.

Somos uma das 52.500 espécies de vertebrados.
Temos uma coluna vertebral para proteger nossa medula espinhal,
como todos os outros vertebrados.

Somos uma das 1.318.000 espécies de animais.
Respiramos ar e, direta ou indiretamente, contamos com as plantas
para nossa alimentação, como todos os outros animais.

Os seres humanos são uma das 1.750.000 espécies da Árvore da Vida.
Somos apenas uma folha da Árvore.

Ainda assim, com uma população de mais de 6 bilhões de indivíduos,
os seres humanos provocam o maior impacto na Árvore da Vida.

*Seres humanos – 1 folha na Árvore da Vida*

# Mudanças na Árvore da Vida

A Árvore da Vida está em constante processo de transformação. Novas espécies são descobertas todo dia, e as espécies conhecidas são às vezes reclassificadas. Os cientistas acham que o número de espécies na Árvore da Vida pode chegar a vinte milhões.

As espécies também estão desaparecendo em uma velocidade alarmante. Cerca de 27.000 espécies podem desaparecer todos os anos – o que equivale a 74 espécies por dia e três espécies por hora.

Toda espécie, das algas-de-fogo às árvores dos mangues e às zebras, precisa de um *habitat* que lhe forneça alimento, água e abrigo. Esses *habitats*, porém, estão desaparecendo devido à derrubada das florestas, à drenagem de terras úmidas* e à destruição de campos e pastos para a construção de rodovias, estradas e cidades. Além disso, a poluição do solo e da água ameaça a qualidade dos *habitats* que ainda não desapareceram.

🌳 Um trecho de floresta tropical do tamanho de dois estádios de futebol é derrubado ou queimado a cada segundo para ceder espaço a fazendas e pastagens. Sem o *habitat* fornecido pelas florestas tropicais, mais da metade das espécies de plantas e animais do mundo pode estar condenada ao desaparecimento.

🌳 Quase metade das florestas dos mangues já desapareceu – derrubadas para obtenção de madeira ou deterioradas pela poluição, pela pesca predatória e pelo crescimento urbano. Sem os manguezais, as áreas litorâneas podem deslizar para o oceano. Os animais perderão seus *habitats* vitais.

🌳 Quase um terço dos recifes de corais desapareceu devido ao desenvolvimento, à pesca predatória e à poluição. Se tal índice se mantiver, os cientistas acreditam que, por volta de 2010, metade deles terá desaparecido.

🌳 Metade das terras úmidas dos Estados Unidos já se perdeu. Grande parte das terras úmidas do Canadá também deixou de existir. Embora sejam o *habitat* de uma incrível diversidade de espécies, as terras úmidas estão sendo drenadas ou escoadas para dar espaço a propriedades agrícolas, casas e indústrias.

A extinção de uma única espécie enfraquece a cadeia de conexões entre todas as espécies da Árvore da Vida. Se desaparecerem muitas lontras-do-mar, os ouriços-do-mar destruirão as florestas de algas marinhas. Se as asclépias desaparecerem, as borboletas-monarcas morrerão de fome.

Se o plâncton desaparecer, toda uma rede de alimentos marinhos entrará em colapso.

A matemática é simples. A perda do *habitat* é igual à perda de espécies. E a perda de uma só espécie da Árvore da Vida afeta todas as espécies.

* Várzeas dos rios, igarapés, pântanos, mangues, banhados etc. (N. do T.)

### Em risco de extinção

**25.971** plantas

**1.192** aves

**1.137** mamíferos

**938** moluscos

**752** peixes

**555** insetos

**408** espécies de crustáceos

**296** espécies de répteis

**157** espécies de anfíbios

# Algumas espécies em risco de extinção

Panda-vermelho
Nogueira-do-japão (ginkgo)
Molusco gigante
Iguana-listrada-de-Fiji
Papoula-da-madeira
Sapo-dourado
Líquen-centípede-da-costa
Pinguim-macaroni
Bodião-papagaio
Orangotango-de-sumatra
Cavalo-marinho listrado
Garça-real-chinesa

# Tornemo-nos guardiões da Árvore da Vida

A Árvore da Vida não está aqui para ser podada – para que hoje lhe cortemos um ramo ou amanhã lhe arranquemos um broto. Ela não é uma coisa que podemos arrancar e plantar em outro lugar qualquer. Precisamos aprender a viver *dentro* da Árvore – como uma de suas 1.750.000 folhas. Somos parte da Árvore da Vida. Somos seus guardiões, não seus jardineiros.

Quando nos esquecemos de que somos parte da Árvore da Vida, nosso impacto pode ser devastador. Porém, quando nos mantemos conscientes disso, nosso impacto pode ser incrivelmente poderoso. Não dá muito trabalho ser um dos guardiões da Árvore da Vida. Para isso, você não precisa ter um monte de dinheiro nem dispor de um tempo enorme. Tudo do que precisamos é vontade, determinação e coragem de pensar de maneira um pouco diferente da usual. Aqui estão algumas coisas simples que você pode fazer por conta própria, com sua família ou como membro de uma comunidade:

**Aprenda mais.** Ao adquirir um conhecimento mais profundo sobre a biodiversidade e sobre o modo como tudo está interligado, você pode fazer escolhas na sua vida que ajudarão a proteger a Árvore da Vida. Comece por escolher apenas uma das espécies apresentadas neste livro. Aprenda tudo que for possível sobre ela. Depois, aprenda sobre as espécies que interagem com a espécie que você escolheu. Em seguida, informe-se sobre as espécies que interagem com as espécies que interagem com a espécie escolhida, e assim por diante. Pense agora sobre as coisas que você faz na sua vida cotidiana. De que modo suas ações exercem impacto sobre essas espécies?

**Diminua seu impacto sobre a Árvore da Vida.** Tente descobrir se você ajuda ou atrapalha a biodiversidade. Você vai de carro ou a pé para a escola? Os carros ajudam a poluir ainda mais o ar. Você recicla o lixo de sua casa, apaga a luz quando sai de um cômodo? Se for assim, estará poupando recursos e ajudando o meio ambiente, e isso, por sua vez, será muito útil para a biodiversidade. Faça uma lista do número de coisas que você faz mensalmente para proteger a Árvore da Vida. A cada mês, tente acrescentar pelo menos uma coisa nova a essa lista.

**Crie um *habitat* para animais e plantas.** Numa casa, num apartamento ou mesmo na escola, você pode ajudar a criar *habitats*. Cultive flores e plantas decorativas nas jardineiras nos beirais de suas janelas, pois elas atrairão insetos e pássaros. Deixe crescer a relva do seu quintal e acrescente algumas plantas nativas que também possam atrair insetos e pássaros para o seu jardim. No pátio de sua escola, cultive plantas que possam atrair borboletas.

**Organize a limpeza de um espaço degradado.** Convença sua escola ou comunidade a limpar um parque ou um bosque. Esses *habitats* urbanos são vitais para a vida selvagem. Convide a mídia e incentive a comunidade empresarial de sua cidade a envolver-se também nesse tipo de atividade.

**Eduque outras pessoas.** Crie um clube da biodiversidade em sua escola ou comunidade. Escreva um boletim informativo ou lidere um "dia da consciência" para ajudar os outros a aprender mais sobre a biodiversidade.

# Notas aos pais, professores e guardiões

**Classificação e a Árvore da Vida**

A classificação é um sistema de selecionar e agrupar espécies vivas utilizando as características que elas têm em comum, como sua forma, o modo como se locomovem, reproduzem e desenvolvem. Uma vez classificadas, pode-se atribuir-lhes um lugar na Árvore da Vida com base em sua ligação com outras espécies. A taxonomia, a ciência do estudo, da identificação e classificação dos organismos vivos, vem fascinando os seres humanos há milhares de anos. No início, costumava-se dividir a vida em duas categorias – plantas e animais. Com a descoberta dos microscópios, as bactérias e os protistas foram observados pela primeira vez. Isso levou à constatação de que dois reinos não eram suficientes. O Reino Monera foi criado contendo tanto bactérias quanto protistas.

Em meados da década de 1950, atribuiu-se um reino próprio aos protistas (organismos celulados com um núcleo). O Reino Monera continuou sendo formado somente por bactérias (organismos unicelulares sem um núcleo). Surgiu então um sistema de quatro reinos – vegetal, animal, monera e protista.

O sistema atual, com cinco reinos, foi estabelecido pouco tempo depois. Os fungos, apesar de agrupados junto com as plantas, são na verdade plantas muito diferentes. (Enquanto as plantas podem gerar seu próprio alimento, os fungos não têm essa capacidade.) Mas os fungos também não são animais. E, com certeza, também não são organismos unicelulares (apesar de existirem fungos unicelulares). Foi assim, então, que eles se transformaram no quinto reino.

Recentemente, novas tecnologias têm permitido que examinemos com muito mais precisão a constituição genética das plantas e dos animais. Novas descobertas estão nos levando a repensar os antigos agrupamentos. Hoje, os cientistas estão examinando a possibilidade de dividir o Reino Monera em dois reinos. Também estão discutindo o papel desempenhado pelos vírus e tentando descobrir se eles devem ter seu próprio reino. Em breve, a Árvore da Vida talvez venha a ter seis ou sete reinos.

**Biodiversidade e a Árvore da Vida**

Em poucas palavras, a biodiversidade pode ser definida como a incrível variedade da vida na Terra – da variedade das espécies à variedade dos ecossistemas (comunidades de coisas vivas e *habitats* ligados entre si), passando pela variedade no interior das espécies.

Quase todos nós temos consciência dessa diversidade, pois nos deparamos com ela em nossa vida cotidiana. Conhecemos *habitats* diferentes – florestas, oceanos, pastagens, desertos. Sabemos identificar espécies distintas – ursos-negros, ursos-polares, ursos-malaios. E também conhecemos as diferenças dentro das espécies – os ursos-negros podem ser negros, pardos ou mesmo cor de canela.

Biodiversidade não diz respeito simplesmente a espécies ou ecossistemas individuais. Diz respeito também ao modo *como* todas as coisas interagem na Árvore da Vida. Tudo está interligado de alguma maneira. As plantas contam com os animais para a polinização; os animais dependem das plantas para oxigênio e alimento; os fungos e bactérias decompõem seus próprios resíduos.

As pressões sobre uma espécie – ou sobre um ecossistema – podem ter um profundo efeito sobre toda a vida na Árvore da Vida. Se essas relações forem comprometidas devido à perda de espécies ou à alteração de *habitats*, os danos podem ser dramáticos e irreversíveis.

Do ponto de vista humano, a biodiversidade é vital para nossa existência. O potencial para novos alimentos e medicamentos obtidos no mundo natural é imenso. Só uma pequena parte de todas as espécies vegetais da Árvore da Vida é atualmente usada para nossa alimentação, e cerca de um quarto delas já demonstrou possuir valor medicinal. Ainda assim, estamos destruindo espécies e espaços mais rapidamente do que conseguimos avaliar seu potencial.

A biodiversidade é importante por outro motivo. Cada folha da Árvore da Vida, cada espécie e cada indivíduo têm seu valor intrínseco, a despeito de qualquer valor que lhes possamos atribuir. A maioria das crianças sabe disso. Elas nascem com a consciência de que as outras espécies são vivas e devem ser extremamente valorizadas. Se você já observou crianças bem novas interagindo com um animal ou em contato com a natureza, seja num contexto natural ou num museu, ou mesmo quando estão assistindo à televisão, terá percebido que os olhos delas se iluminam de surpresa e admiração. Esse grande prazer geralmente se perde quando elas se tornam adultas.

Como pais e professores, nosso papel consiste em alimentar e estimular essa admiração e canalizá-la de modo a tornar ainda maiores a consciência, a responsabilidade e a noção de gestão ambiental. Precisamos estimular uma *ética da biodiversidade*, que reconheça a diversidade e a interconexão de todas as espécies, bem como o papel que cada espécie desempenha na Árvore da Vida. Essa ética da biodiversidade ajudará as crianças a entender seu lugar na Árvore, como uma de suas numerosas folhas. Ajudará as crianças a se enxergarem como guardiões e a orientá-las no sentido de agirem, hoje e quando adultas, para a preservar a biodiversidade e proteger a Árvore da Vida. Não é outro o tema deste livro. Trata-se de um primeiro passo para estimular uma ética da biodiversidade – mas cabe a vocês dar os passos seguintes.

**O que vocês podem fazer?**

🌳 Estimulem, em suas casas e escolas, o sentimento de admiração e deslumbramento diante da natureza. Cerquem-se, e também a seus familiares e alunos, de livros, revistas e vídeos sobre o mundo natural. Façam excursões a parques, centros de conservação, ravinas e museus locais. Ofereçam-se para trabalhar como voluntários de grupos ambientalistas, limpando locais degradados ou participando de eventos para a angariação de fundos.

🌳 Incorporem a biodiversidade e a Árvore da Vida a seus rituais cotidianos. Em casa, passem algum tempo com seus filhos no jardim. Quando plantarem alguma coisa, falem sobre os ciclos vitais das plantas, sobre as mudanças de estação e a relação entre plantas e animais. Envolvam as crianças em discussões sobre consumo e explorem as opções mais responsáveis do ponto de vista ambiental (menos embalagens, contêineres recicláveis, alternativas a detergentes químicos, pesticidas etc.). Na sala de aula, trabalhem a natureza em tudo que for estudado. Problemas de matemática podem girar em torno de números de espécies, redações podem explorar questões de biodiversidade, e projetos ligados às artes podem envolver a natureza de muitas maneiras diferentes.

🌳 Abram um diálogo sobre a natureza e o meio ambiente que permita às crianças fazer explorações e experiências com seus próprios sentimentos e ideias. Perguntem-lhes o que biodiversidade significa para elas. Escolham um tema polêmico ligado à biodiversidade e promovam um debate. Isso ajudará as crianças a desenvolver suas próprias vozes e pontos de vista sobre essas questões.

🌳 Em um mundo que está cada vez mais distante da natureza, precisamos fazer um esforço adicional para garantir que nossos filhos continuem ligados ao mundo natural. Estabelecer essas conexões quando as crianças ainda são bem novas é algo que certamente as ajudará a desenvolver uma paixão pela natureza e pela Árvore da Vida que vai durar a vida inteira.

# Índice Remissivo

Abelhas, 15
Acácias, 16
Adaptação,
   do peixe dipnoico
      africano à estiagem, 23
   dos répteis aos *habitats*
      do deserto, 26
   de asas e bicos, 24
Alga marinha, 12
Algas marinhas, 12, 31
Algas, 12, 13
Algas-de-fogo, 12
Alimentos, cadeias de, 13, 14
Alimentos, redes de, 13, 14
   colapso das, 34
Andorinhas-do-mar, 24
Anêmonas-do-mar, 23
Anfíbios, 21, 28-29
   como indicadores
      ambientais, 29
Animal (Reino), 6, 16-33
   alimento, 17
   como nutrientes para
      as plantas, 17
Asclépias e
   borboletas-monarcas, 15
Atividades, 37, 39
Atmosfera da Terra, 13
Aves, 21, 24-25
   como migradores, 24
   corredoras, 25
   descendentes dos
      dinossauros, 24
Avestruzes, 25

Bactérias, 8-9
   como base da vida
      na Terra, 8
   como decompositores, 10
   e plantas, 8
Baleias-azuis, 12
Besouros, 19
Bicos, 20, 24
Biodiversidade, 5, 6, 38-39
Bioluminescência, 12
Borboletas, 15, 19
Bromélias, 15
Bufa-de-lobo (fungos), 11

Camaleões, 27
Caranguejos, 19
Carnívoros, 17
Celacantos, 20
Células, 9
Cianobactérias, 8

Classificação, 6, 34, 38
   novos reinos, 38
Colunas vertebrais, 17, 18, 21
Corais pétreos, 16
Corpo humano, 9

Decompositores, 10
Dióxido de carbono, 13
Dispersão de sementes por
   animais, 16, 17

Enguias, 23
Espécie indicadora, 29
Espécie-chave, 31
Espécies em risco de extinção,
   15, 19, 25, 27, 34, 35
Espécies, 5
   mais antigas entre as vivas, 8
   perda de, 15, 25, 27, 34, 39
Exoesqueleto, 18

Fascólomos, 30
Florestas tropicais, 15, 20, 28
Formigas, 16
Fotossíntese, 13, 14
Fungos (Reino dos), 6, 10-11
   como parasitas e
      decompositores, 10

Genes, 38
Gestão ambiental, 37, 39
Girafas, 31

*Habitats*, 12, 13, 14, 15, 16
   perda do *habitat*, 15, 24,
      25, 27, 34, 39
Herbívoros, 17

Insetos e polinização, 17
Interconexão, 5
   de abelhas e orquídeas-
      -abelhas, 15
   de animais e plantas, 17
   de borboletas-monarcas e
      asclépias, 15, 34
   de bromélias como
      *habitats*, 15
   de cadeias e redes
      alimentares, 13, 14
   de formigas e acácias, 16
   de fungos como
      recicladores, 10
   de lontras-do-mar, ouriços-
      -do-mar e algas
      marinhas, 31

   do peixe-palhaço e das
      anêmonas-do-mar, 23
   e biodiversidade, 38
   e interrupções da, 34
Invertebrados, 17, 18-20

Lesmas-do-mar. Ver
   nudibrânquios
Leveduras, 10
Liquens, 11
Lontras-do-mar, 31
Lula-gigante, 18

Mamíferos, 21, 30-33
   glândulas mamárias, 30
   pelos, 30
   venenosos, 31
Marsupiais, 30
Metamorfose, 28
Monera (Reino), 6, 8-9
   bactérias como base da vida
      na Terra, 9
Monotremados, 30
Monstros-de-gila, 27
Morcegos, 16

Nudibrânquios, 19
Nutrientes, 17

Ornitorrincos, 31
Orquídea-abelha, 15
Ouriços-do-mar, 31
Oxigênio, 8, 13, 14

Pão, 10
Papagaios, 25
Paramécios, 12
Parasitas, 10
Peixe dipnoico, 23
Peixe-palhaço, 23
Peixes, 21, 22-23
   como fonte de alimento, 22
   perda de, 34
Pervinca cor-de-rosa, 15
Pinguins, 25
Placentários, 30
Plâncton, 12
Plantas medicinais, 15, 39
   Pervinca cor-de-rosa, 15
   Potencial futuro, 39
Polinização, 15, 17, 34
Poluição, 11, 29
Proteção à Árvore da Vida, 37
Protista (Reino), 6, 12-13
   como base das cadeias
      alimentares, 13
Protozoários, 13

Rãs, 20, 28, 29
Recifes de corais, 16
Reinos, 6-7, 9, 10, 13, 14, 17
   história dos, 38
Répteis, 21, 26-27
   ameaçados de extinção, 27
   como descendentes dos

dinossauros, 26
   e adaptações a *habitats* no
      deserto, 26
   e hibernação, 27
   e migração, 27

Salamandras, 28, 29
Sapos, 28, 29
Seres humanos, 32-33
Serpentes, 20, 27

Tambaqui, 16
Tardígrados, 19
Tartarugas marinhas, 27
Tritões, 28
Tuataras, 27
Tubarões, 23
Tucanos, 20

Vegetal (Reino), 6, 14-15
   como base das cadeias
      alimentares, 14
Vertebrados, 17, 21-33
   e movimento do mar para
a terra, 21
Vírus, 38